STAR WARS

PAPER

Il y a bien longtemps dans une galaxie lointaine, très lointaine…

Bonjour, Padawan !

Je suis heureux de t'accueillir. Grâce à ce livre (et à la Force), tu vas pouvoir créer tes propres papertoys *Star Wars*.

Les papertoys de trois personnages et des véhicules emblématiques de la saga de l'espace la plus célèbre t'attendent à l'intérieur. Les papertoys sont prédécoupés et prépliés, donc…. pas de panique, suis simplement les instructions. Une fois les papertoys construits, utilise les décors pour revivre les moments les plus importants ou, pourquoi pas, en inventer.

Tu trouveras également des informations sur les personnages et les véhicules dans de belles pages à conserver.

Et, pour terminer, récupère à la dernière page un masque qui rendra jaloux tous tes amis.

T'amuser tu dois, maintenant !

Yoda

Instructions

Ce dont besoin
TU AURAS...

DES CISEAUX

Ils te seront très utiles pour découper certaines pages telles que les décors pour tes papertoys *Star Wars*.

+

DE LA COLLE

(liquide ou sous forme de tube...) Les papertoys sont assez simples à construire mais nécessitent un peu de colle pour fixer certaines parties. (cherche le symbole 💧)

Ajoute aux ciseaux et à la colle un peu de patience (et la Force naturellement). N'oublie pas que tu peux aussi demander un coup de main à maman ou papa.

Place à la pratique : construisons le X-Wing de Luke Skywalker !
(Les autres papertoys «véhicules» fonctionnent sur le même modèle à quelques variantes près.

Étape 1 : le début. Isole le vaisseau et ses ailes. C'est facile : tout est prédécoupé et préplié. As-tu remarqué les symboles en forme de goutte ? (💧) Cela indique les endroits où tu dois appliquer un peu de colle. Des instructions se trouvent également sur chaque page pour t'aider.

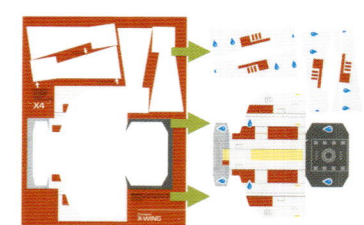

Étape 2 : la carcasse. Marque les plis. Prends le temps de bien observer le papertoy. Repère le symbole 💧 à l'avant et à l'arrière du véhicule. Pose un peu de colle, puis presse comme sur les illustrations [1] et [2].

Étape 3 : les ailes. Marque les plis. Repère les trois symboles 💧 sur les ailes. Construis une aile comme sur l'illustration [3], puis colle-la au vaisseau [4]. Répète l'opération pour les quatre ailes.

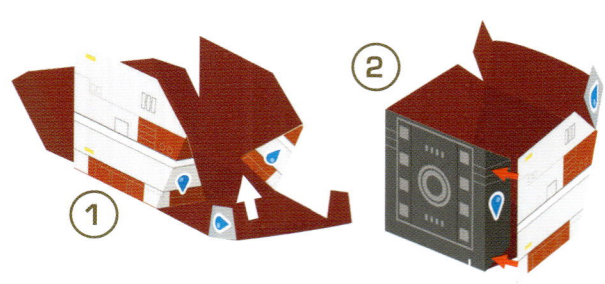

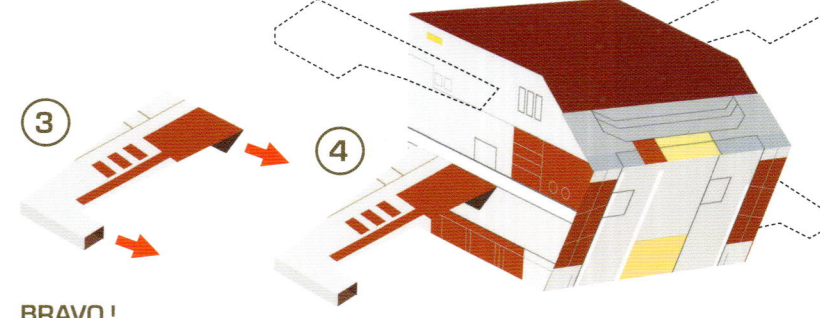

BRAVO !
Luke Skywalker peut maintenant prendre la route vers Dagobah.

Place à la pratique : construisons le vénérable maître Yoda !

(Les autres papertoys fonctionnent sur le même modèle à quelques variantes près.

Étape 1 : le début. Isole la tête, le corps et les bras de la page. C'est facile : tout est prédécoupé et préplié. As-tu remarqué les symboles en forme de goutte ? (💧) Cela indique les endroits où tu dois appliquer un peu de colle. Des instructions se trouvent également sur chaque page pour t'aider.

La tête

Le corps

Les bras

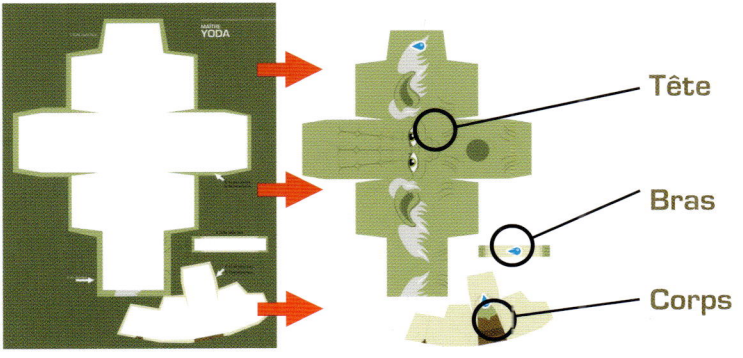

Tête

Bras

Corps

Étape 2 : la tête. Marque les plis. Prends le temps de bien observer le papertoy. Repère le symbole 💧, pose un peu de colle et presse cette partie contre le verso de la tête de maître Yoda comme sur l'illustration **[1]**. L'endroit est indiqué sur la page du papertoy. Les deux parties bien collées, tu peux fermer la tête de Yoda **[2]**. Sois aussi patient que lui !

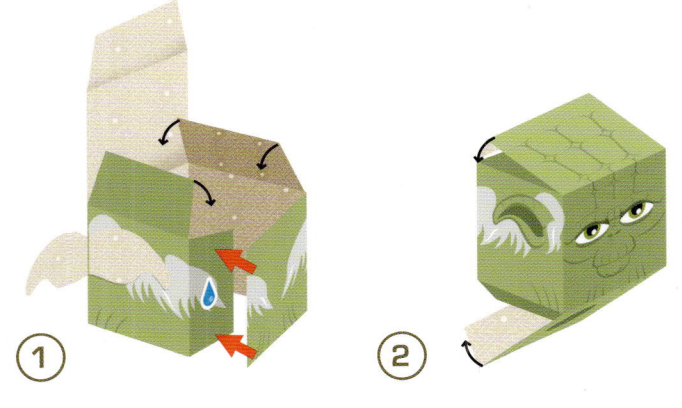

① ②

Étape 3 : le corps et les bras. Marque les plis. Prends le temps de bien observer le papertoy. Repère le symbole 💧 sur le côté, pose un peu de colle et presse cette partie contre le verso du dos de maître Yoda comme sur l'illustration **[3]**. L'endroit est indiqué sur la page du papertoy. Pose un peu de colle sur le symbole des bras 💧 puis colle-les au verso du second symbole sur le corps **[4]**.

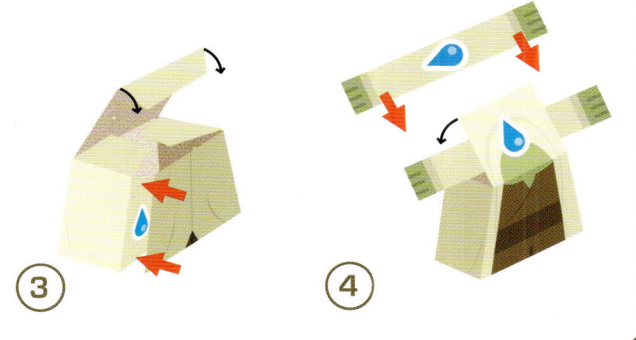

③ ④

Étape 4 : la tête bien sur les épaules.
Repère le symbole 💧 à la base du cou sur le corps de maître Yoda. Applique un peu de colle et pose la tête du petit Jedi dessus **[5]**.

Maître Yoda version Papertoy est prêt !

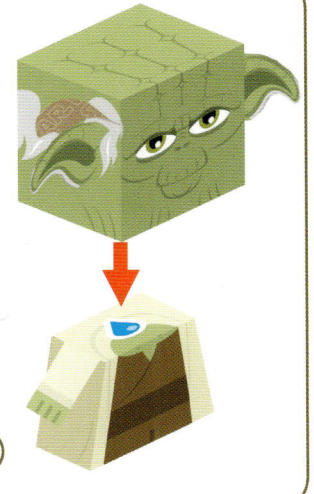

⑤

Bien travaillé tu as !

LUKE
SKYWALKER

Luke Skywalker est un simple jeune garçon de ferme perdu sur la planète désertique Tatooine lorsque le destin frappe à sa porte sous la forme d'un message de détresse d'une belle princesse de l'espace.

Le garçon partira avec son mentor Obi-Wan Kenobi qui le formera à la Force. Yoda, achèvera son parcours et fera de lui un vrai chevalier Jedi, tout comme son père, Anakin, avant lui.

En parcourant la galaxie, il a détruit l'Étoile noire d'une seule rafale de son fidèle X-wing et a affronté les pires bandits de l'univers.

De grands secrets gravitent autour de Luke... et de sa famille. Es-tu curieux ?

Chasseur X-WING

Le X-wing est la réponse des Rebelles au chasseur TIE impérial. Chasseur stellaire monoplace profilé, le X-wing peut surpasser tous les chasseurs de l'Empire en vitesse et en puissance de feu.

Il peut effectuer des sauts dans l'hyperespace et vole à son aise dans les tranchées des grandes bases de combats. Luke Skywalker a même réussi à détruire la puissante Étoile noire grâce à son fidèle X-wing.

MAÎTRE YODA

S'il est petit par la taille, Yoda est un grand maître Jedi. Il est âgé de 900 ans et est très habile sabre laser à la main. Il a formé des Jedi pendant plus de 800 ans en tant que Grand Maître du Conseil des Jedi et est très respecté.

De nature très sage, Yoda avait toujours un excellent conseil à donner. Tu pouvais aller le voir si tu avais besoin d'un avis. Ses chevaliers Jedi, champions de la paix, ont dû se transformer en chefs de guerre sur le champ de bataille, à son grand désarroi.

L'Empire en place, il est parti se cacher, attendant de pouvoir guider la génération suivante, dont Luke Skywalker, sur la voie de la Force.

Nacelle de SAUVETAGE

Quand la situation devient trop dangereuse, les nacelles de sauvetage deviennent indispensables ! Elles sont habituellement destinées à équiper des cargos ou des vaisseaux militaires. Mais, on peut également en trouver sur certaines planètes pour quitter un endroit en cas de danger imminent. C'est ce que fit maître Yoda après la bataille de Kashyyyk. Pratique, n'est-ce pas ?

CHEWBACCA

Malgré son épaisse fourrure, Chewbacca est loin d'être un inoffensif ours en peluche. C'est un grand pilote et un guerrier, compagnon de Han Solo dans ses nombreuses aventures.

C'est un Wookiee de la planète Kashyyyk qui a défendu sa planète lors de la Guerre des clones.

Attention ! Ne contrarie pas Chewbacca (surtout en jouant aux échecs de l'espace avec lui) : il n'hésiterait pas à te broyer les bras si tu ne le laissais pas gagner.

Tu veux être son ami ? Propose-lui à manger : il pense avant tout avec son ventre.

Faucon MILLENIUM

Le tas de ferraille le plus rapide de la galaxie ! Le *Faucon Millenium* est le vaisseau spatial légendaire qui a fait le raid sur Kessel Ring en 20 parsecs. Au fil des années, il a subi de nombreuses «modifications spéciales», acquérant ainsi une vitesse, des boucliers et une puissance de feu fantastiques. Étrangement, le *Faucon Millenium* n'a pas toujours été très bien entretenu – un de ses propriétaires l'a même perdu au jeu !

Géonosis

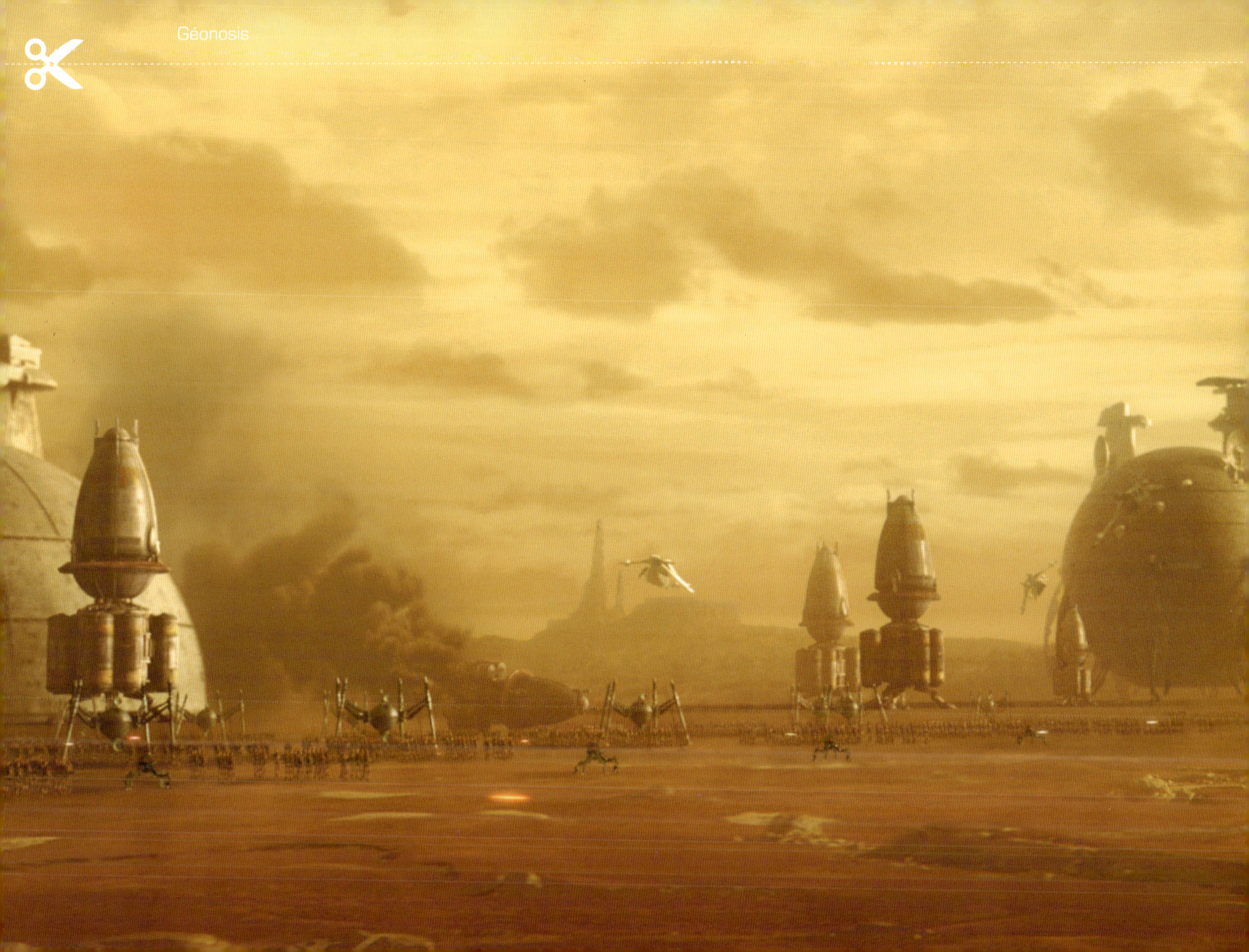

Endor

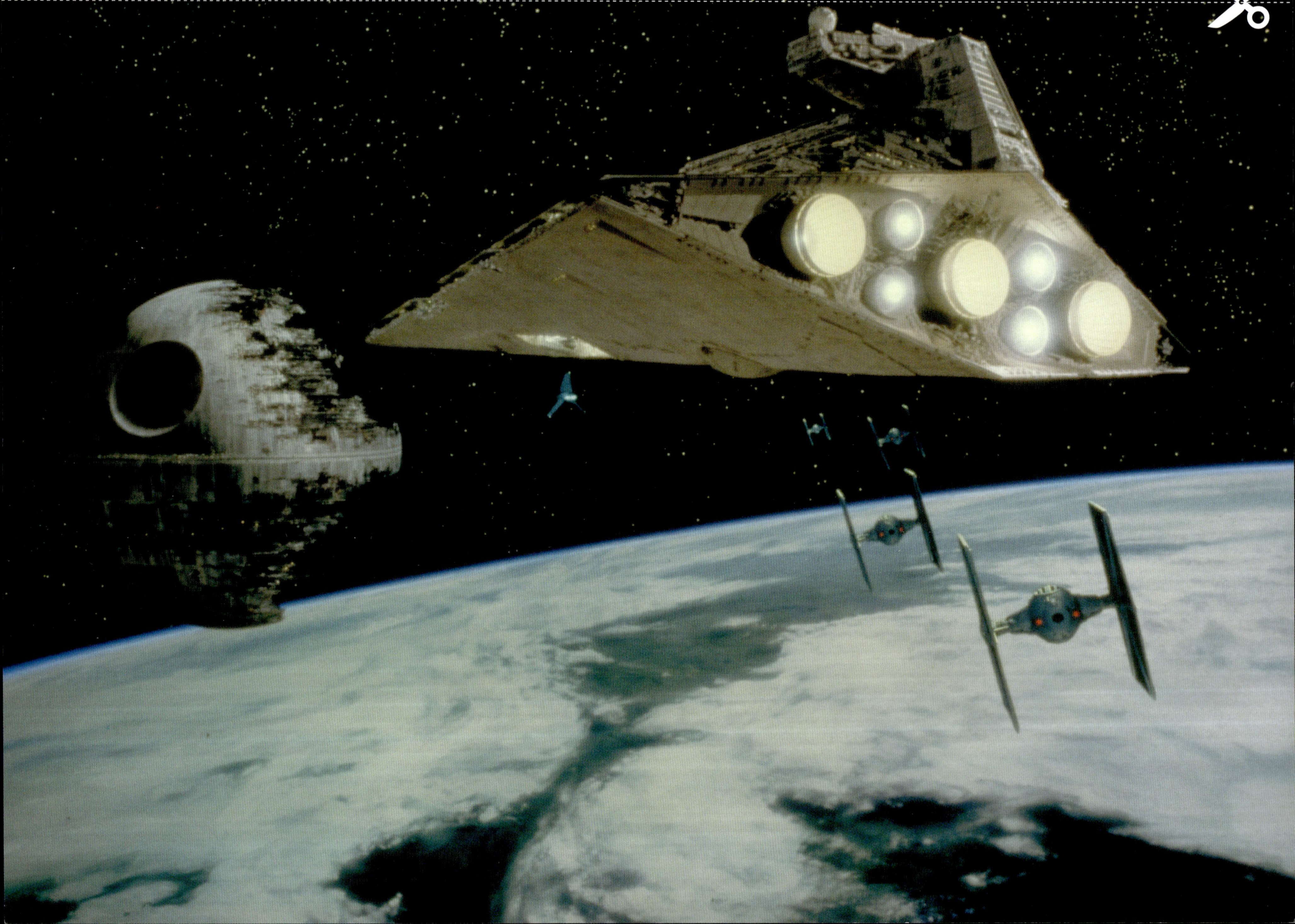